कविता की माटी

कविता की माटी

आननजय तिवारी

वाणी प्रकाशन

प्रकाशन के उत्कृष्टतम 62 वर्ष

vaniprakashan.com

सजिल्द पहला संस्करण : 2025

वाणी प्रकाशन

4695, 21-ए, दरियागंज, नयी दिल्ली-110 002

फ़ोन : + 91 11 23273167, 23275710

शाखाएँ

अशोक राजपथ, पटना-800 004, बिहार

कॉफ़ी हाउस कैम्पस, महात्मा गांधी मार्ग, प्रयागराज-211 001, उत्तर प्रदेश

महात्मा गांधी अन्तरराष्ट्रीय हिन्दी विश्वविद्यालय, वर्धा-442 001, महाराष्ट्र

sales@vaniprakashan.in
vaniprakashan@gmail.com

Kavita ki Maati
by Ananjay Tiwary

ISBN : 978-93-6944-043-6
Poetry Collection

मूल्य : ₹ 450

आर. टेक ऑफ़सेट, दिल्ली-110 032 में मुद्रित

वाणी प्रकाशन का लोगो मक़बूल फ़िदा हुसैन की कूची से

दो शब्द

कविता का सृजन कैसे होता है या काव्य के क्या मानक हैं, इन विषयों की समझ मुझमें नहीं है। अक्सर ही मैंने कविता का सृजन पहले अपने हृदय में पाया है। काग़ज़ पर तो कविता उस हृदय-काव्य की एक प्रतिच्छाया की तरह ही अंकित हुई है। कई बार जस का तस अंकित कर पाने में सफल रहा लेकिन उससे अधिक बार मैं विफल ही रहा हूँ। कविता तो जैसे एक तस्वीर की तरह ही मुझे समझ आती है जिसमें शब्दों का रंग भरा जाता है। ये वही शब्द होते हैं जो हमारे दैनिक जीवन में इस्तेमाल होते हैं, हमारी पाठ्य-पुस्तकों में होते हैं। जैसे कि मिट्टी होती है हर तरफ़ फैली हुई दूर दूर तक और इतनी ज़्यादा प्रचुरता में कि हम इसके अस्तित्व बोध को, इसकी प्राणदायी शक्ति, इसकी सृजन-शक्ति को प्रायः अपनी चेतना में स्थान नहीं दे पाते। वैसे ही ये शब्द होते हैं बहुतायत में उपलब्ध और शायद यही कारण होगा कि इनके साधारण प्रयोग में प्रायः हम अपनी कलात्मकता और रचनाशीलता को ज़्यादा कष्ट भी नहीं देते लेकिन जब यही शब्द-समूह एक कविता का रूप लेते हैं, एक गीत के बोल बन जाते हैं, संगीत की ध्वनि में एकाकार हो जाते हैं तो इन्हीं शब्दों के अर्थ कभी हमारे मन को सुकून देने लगते हैं तो कभी हमारे एकान्त में मित्रवत् बस मौन के साक्षी बन बैठे रहते हैं।

शब्दों की ऐसी ही मिट्टी से हृदय-चाक पर उस अदृश्य कुम्हार के हाथों जो कुछ भी रचा गया, जो माटी कविता का रूप ले पायी, वो सब मैं आपके समक्ष इस संकलन के रूप में प्रस्तुत करता हूँ। यह संग्रह उस अदृश्य कुम्हार को समर्पित है जिसका यह सकल सृजन है, जो अनन्त हृदयों में प्रत्येक क्षण कुछ रच रहा है, कुछ मिटा रहा है और अपनी कृतियों को हमारे नाम से प्रस्तुत कर रहा है।

कविता की माटी उन सभी पाठकों के लिए है जो अपनी आन्तरिक माटी से जुड़कर जीवन के गहरे अर्थ को जानने का प्रयास करते हैं, जो जीवन के सूक्ष्मतम भावों और संवेदनाओं को समझने, महसूस करने और जीने की चाह रखते हैं।

निसर्ग का कण-कण जो विचारों की इस अभिव्यक्ति का प्रेरक बना, गुरु बना, उसको मेरा साकल्य भाव से प्रणति। परिवारजन, मित्र, जीवन में जो भी मार्गदर्शक बने, सहायक बने, शुभचिन्तक बने, उन सबका हृदय से आभार। अन्त में, वाणी प्रकाशन और अदिति जी का विशेष रूप से धन्यवाद जो इस संग्रह को हिन्दी साहित्य के विशाल पाठक-वर्ग के समक्ष एक मूर्त रूप में लाने में सफल रहे।

यह मेरा पहला संग्रह है, विचारों में या किसी और भाव में यदि कोई त्रुटि रह गयी हो तो मैं क्षमाप्रार्थी हूँ!

–आननजय तिवारी

अनुक्रम

राम : एक नर

राम, तुम देव नहीं नर ही रहे
अपनी सीमाओं में बद्ध
विधि के उदधि में डूबते-उतराते
अन्यतम प्रतिकूलों के समक्ष भी
अपने जन्म की मर्यादा में सीमित–
तुम रहे सदैव नर ही।
एक प्रश्न पूछूँ–
कभी तुम्हारे हृदय ने विद्रोह नहीं किया?
कभी क्रोध कर मन ने नहीं कहा तुम्हें–
अपने अन्तस के देव को जगाने को?
नर की सीमाएँ तोड़ने को?
हे शक्तिपुंज, तुम कैसे जाते रहे सब पीड़ा के पार
तटस्थ, निस्पृह,
किंचित् तुम जीवनपर्यन्त यही बताते रहे कि
प्रतिकूल में भी नर बनकर रह जाना ही
सत्य में देव है–
वही अभिराम राम है।

अन्तर्देवता

कैसे जानूँ तुम्हें
कैसे पहचानूँ
जग कहता है तुम रहते हो मेरे
प्राणों के प्राण बन
हे अन्तर्देवता, किन्तु फिर
तुम अनन्य क्यों मुझसे
तुम्हारे रूप की एक छाया भर भी
मैं क्यों पा ना सका, आजीवन,
तुम सदा सर्वदा देव रहे पर
मैं बन न सका क्यों नर भी,
क्या तुम भी जग की भाँति
साधते हो मुझको–
किसी प्राप्ति हेतु,
या करते हो परिहास मेरे
हृदय तिमिर का, अज्ञान का,
क्यों रहते हो अगोचर मुझसे
क्यों रखते हो मुझको अनभिज्ञ स्वयं से,
क्यों यह संशय का भार सदा तुम
डाले रहते मेरे मन में,
मुझ अकिंचन पर क्यों तुम भी
बन जाते हो, हे नाथ, कृपण।

मिथ्या

मानव-जीवन के सकल व्योम पर
मेघ-सा छाया–
पार जिसके सम्भवत: सत्य कहीं
निर्विकार, दीप्त रवि-सा,
रश्मि को मुट्ठी में भर लेने को है
आतुर मन प्रतिपल
पर जो कुछ लब्ध रहा अनल का
किंचित् क्षणिक रहा
हृदय रहा आच्छन्न सदैव
श्याम-मेघ-तिमिर से,
विवश, चेतना ने तब
अपने मिथ्या के कई सत्य गढ़े
अनगिनत दिनमान रचे, और
खो गयी रवि की दग्ध रश्मि के पीछे
एक दीप बनकर।

प्रणय

प्रतीची क्षितिज पर श्रम-क्लान्त रवि
अस्त हुआ जब
क्यों विरह-विकल सांध्य
ओढ़ चली निशा की चादर तब,
पवन के आने की आहट मात्र
बढ़ा जाती स्पन्दन तरु-उर की
और जाते ही शिथिल पड़ जाता
हर शिरा का उसका रक्त-प्रवाह,
कैसी व्याकुलता यह नदी-हृदि में
तोड़ जाती हर पथ-विघ्न
सागर से मिलने को आकुल
बहती रहती अविरल,
स्मृतियों के गहन मेघ से
आच्छन्न होता जब हृदय-व्योम
बहता क्यों नीर तब नेत्र-कोर से
अश्रु की पावस बनकर।

यह कौन है कण-कण के प्राणों में
जो मधुर नाद बन गाता है
किस अदृश्य के स्पर्श मात्र से
जगत् स्पन्दन करता है
यह कैसी चिर-प्रतीक्षा जिसमें
निसर्ग का हर रोम-रोम

निमिष-निमिष यूँ जलता है
हे प्रणय, हर उर-वासी,
यह केवल तुम हो,
बस तुम हो।

कविता की माटी

हृदय-चाक पर मेरे
अदृश्य कुम्हार वह
शब्दों की माटी गूँधकर
गढ़ देता है
कुछ कच्चा-पक्का
और रँग देता है उसको
कुछ मेरे रंग में,
पर चाक कहाँ स्वामी
सृजन का,
केवल है वह निमित्त
प्राणों के नाद का,
हर शब्द फिर
कर तुमको अर्पित
ओ कुम्हार!,
सब छोड़ दिया मैंने
फिर से माटी बन जाने को।

किंकर्तव्यविमूढ़

इस छोर रहूँ या
उस छोर बढ़ूँ
इस जीवन के गहन प्रपंचों को
कब तक मैं बस तकता ही रहूँ
क्यों इतना मन निस्सहाय हुआ
क्यों इतना हृदय विदीर्ण हुआ

यहाँ जीवन का अपना पथ है
यह यूँ ही चलता जाता है
तू सोच तुझे क्या करना है
किस घाट तुझे घट भरना है
तू रुकना चाहे तो रुक ले या
पथिक मान ख़ुद को चल ले

अपनी सीमा तूने ही रची
तू देख ज़रा आगे बढ़के
इसके आगे भी तू ही होगा
जो आज है तू कल इतर होगा
यह जगत् कहाँ जा रुकता है
यहाँ जगती-बद्ध ही जीवन है
तू ऐसे जीवन के पार तो देख
जीवन-तरु का एक नव-किसलय
उस पार खड़ा है तेरे मग में।

भागीरथी

भागीरथी, हृदय के ये कैसे अवगुण्ठन
बारम्बार, निरन्तर पथ में,
तुम महाशिला पर तोड़ रही,
यह वेग तुम्हारा, यह निर्मल जल
क्यों टूट रहा बन फेनिल प्रतिपल,
कैसा यह आक्रोश हृदय में
कैसी यह आकुलता मन में,
क्या आत्म-क्षुब्धता है यह कोई
चिर ऋण-बद्ध होने का,
या पीड़ा है यह प्राणों की
जीवन की कोई सकल व्यथा,
एक बात कहो–
कर्तव्यबोध से बद्ध तुमने क्या
किसी अभिप्सा का त्याग किया था
प्राणों में बस रहा था जो उदधि
क्या उसको तज कोई और चुना था?

नर्मदा के किनारे

श्याम-प्रस्तर विस्तार निर्बाध,
दृष्टि-सीमा तक,
वेग प्रवाहित नदी, गँदला जल
बहता कलकल,
प्रस्तर के आनन पर करता सृजन अविरत,
अगणित, अमिट शिल्प,
हरित-पट-भूषित धरा, सद्य:स्नाता,
उल्लसित तृण, गुंजित कीट-वृन्द,
क्रीड़ारत खग-विहग उन्मत्त
करते दिव्य कोई समूह-गान,
श्याम-मेघ अवनत क्षितिज पर,
आलिंगन को उत्सुक,
निर्निमेष नयन, निर्वाक
देखकर दृश्याभिराम,
लालायित हृदय रोकता हठात्,
लुब्ध-पथिक,
करता प्रश्न स्वयं से–
बँध जाऊँ या बढ़ जाऊँ?
किंकर्तव्यविमूढ़ क्षण भर,
समझाता फिर मन को–

है चिर-अभिशप्त पथिक चलने को,
साध्य है उसका चलना, अनवरत।
विवश पथिक, त्यागकर पथ-प्रेम,
पुनश्च, बढ़ जाता,
अनागत की ओर।

शिथिल साँझ

दिनकर अस्ताचल पथगामी,
नभ के आनन पर
द्वन्द्वरत ज्योति-तिमिर,
शिथिल साँझ अवतरित
शनैः-शनैः,
छोड़ती लघु उच्छ्‌वास,
श्रम-क्लान्त द्रुमदल
खग विहग,
छेड़कर मौन राग,
लौट चले नीड़ की ओर,
जीवन तजकर वेग प्रवाह,
बना धीर उदधि गम्भीर,
हृदय में अनायास फूट पड़ा
एकान्त असीम,
स्पन्दन, अगणित अदृश्य हृदयों का
साँझ के साथ फैला रहा बाँहें
शनैः-शनैः,
किसी अज्ञात से ज्यों
मिलन को हो उत्सुक।

पारिजात

हे पारिजात,
तुम निर्मल सुवास-परिवृत्त
करते मन उत्फुल्लित
लाये कहाँ से यह सुरभि-कोष
क्या वर है यह तुमको
उस रात्रि-देव का
अदृश्य चरणों में जिसके सदा
करते सर्वस्व तुम अर्पित,
या सुरभि है यह किसी
अदृश्य प्रेयसी की
स्मृति शेष में जिसकी
तुम प्रेम-विगलित हो
बह जाते।

अन्धकार

अहा!! अन्धकार,
निविड़ तिमिर तुम,
मैं शाश्वत भीत तुमसे,
पर कब प्रयास किया तुमने–
भीत करने का?
अपने ही मन की दुर्बलता को
तुम्हारे आनन से छिपाकर
सारा अपयश मढ़ दिया मैंने
तुम्हारे माथे,
अन्यथा तो तुम अनन्य
समदर्शी, समभाव हो,
पर तुम्हारा दोष सम्भवतः इतना है कि–
तुम श्याम वर्ण हो।

प्रश्न

अरे वो प्रश्न!
बार-बार सम्मुख
तुम आ ही जाते
माँगने उत्तर,
उत्तर किन्तु, कहाँ धरा है यहाँ?
केवल प्रश्न हैं
बहुरूपिये-से।

उत्तर की हर खोज ने
ला पटका है मुझे
हर बार
तुम्हारे समक्ष
और तुमसे मैंने हर बार
बस यही पूछा–
उत्तर कब दोगे?

पूर्णता

वहाँ शून्य है
केवल शून्य
पूर्णता के चरम बिन्दु पर
किसी यात्रा की समाप्ति का आनन्द
किसी उपलब्धि की राहत
और साथ ही
उद्देश्यहीनता की नौन चिन्तना।

शायद हर पूर्णता साथ लाती है
थोड़ी अनजानी अपूर्णता,
थोड़ा एकाकीपन
और कोई रास्ता उस खिड़की का
जो अन्दर खुलती है
कहीं बहुत गहराई में
जिससे मेरा बहरूपिया 'मैं' झाँकता है।

छाँव

जग-क्लान्ति के दग्ध अनल में
जीवन में जो छाँव मिली
थी शीतल, मृदुल
किन्तु, रही अवरोध, सदैव,
रश्मि के स्वर्णिम पथ में
मृदुल मेघ से आच्छन्न हृदय
कब देख पाया
नभ के आनन की
दीप्त रेखाओं को,
रवि के नेत्रों में साहस कर
कब देखा उसकी
अप्रतिम तपश्चर्या,
बस चुँधियाते आँखों से ही
देखा, जो कुछ भी
मैं देख पाया,
जिसको भी मैं
यथार्थ जान पाया।

सिद्धार्थ

खो जाते हैं सिद्धार्थ
आभा में बुद्धों की,
लुप्त हो जाता है बीज
छोड़ सुरभित पुष्प कोई,
दृश्य था जो, हो रहा
अदृश्य प्रतिपल
नेत्र-कर में भेंट कर
नव सृजन कोई।

कारण बिना भी क्या कभी
परिणाम होता है,
निर्वात में भी क्या कभी
जीवन जनमता है,
गर्भ से सिद्धार्थ के ही
जनमता है बुद्ध कोई
बीज का वक्ष चीरकर ही
फूटता अंकुर कोई।

तोड़ता मानवी सीमाएँ
कभी कोई सिद्धार्थ जब,
सहता पीड़ा प्रसव की
कभी कोई बीज जब,
होता उदित तब कहीं

अरुण कोई बुद्धत्व का,
जन्म होता तब कहीं
विपिन में एक पुष्प का।

जीवन-पथिक

मैं जीवन-पथ का पथिक, सखे!
अगनित राहों से गुज़र चुका
कुछ सरल-सहज राहें गुज़रीं
कुछ तीखे-टेढ़े मोड़ मिले
कभी दुविधा-भरे दोराहे थे
कभी सुलझे-सुलभ पथ प्यारे थे
चुनूँ किस पथ को
किसको तज दूँ
इसी उलझन में मैं रहा, सखे
मैं जीवन-पथ का पथिक, सखे!

जाने कितने चेहरे देखे
कुछ जाने से कुछ अनजाने
कुछ अपने बने कुछ बने इतर
इस मिलते और बिछड़ते जग में
क्षण भर का छोटा परिचय है
फिर, किसे ग़ैर कहूँ
किसे कहूँ परिजन
इसी दुविधा में मैं पड़ा सखे
मैं जीवन-पथ का पथिक, सखे!

दु:ख के सावन में भीगा मैं कभी
कभी सुख की बदली को भी तरसा

कभी जला दुःख की तेज़ धूप में
कभी पायी गहन सुख की छाया
सुख-दुःख की इन दो पाटों में
निशि-दिन पिसता मैं रहा, सखे
मैं जीवन-पथ का पथिक, सखे!

यह जीवन-पथ अभी और शेष
मुझे और अभी कुछ चलना है
शायद मंज़िल को पा जाऊँ
या पथ में ही मैं थक जाऊँ
चाहे जो भी परिणाम रहे
मुझको तो केवल चलना है
बस यही रही अब अभिलाषा
जब तक जीवन यह शेष रहे
जीवन-मदिरा की मादकता में
हर क्षण मैं डूबा रहूँ, सखे
मैं जीवन-पथ का पथिक, सखे!

ऊँचाई

कुछ सूखे पत्ते,
घास पर बिखरे हुए,
ऊँचा विशाल तरु था,
कल तक जिनकी पहचान,
कल तक अपनी ऊँचाई का,
जिन्हें दम्भ था,
आज गिरे पड़े हैं,
एक साथ, एक समान।

हिमालय के उच्चतम शिखर से,
टूटकर गिरा पत्थर,
जो कल तक मेघों से बातें करता था,
परिचय जिसका, स्त्रयं हिमालय था,
धूल में पड़ा है आज,
साधारण पत्थरों से अभिन्न,
एक साथ, एक समान।

ऊँचाई ही जन्म देती है,
भेद को, अहं को,
पर, ज़मीन पर पसरी धूल,
ढँककर ऊँचाई के क्षुद्र दम्भ को,
देती है सर्वत्र साम्य,
प्रकृति का यही शाश्वत ऋत है,

ऊँचे हो या नीचे,
एक दिन आना है सबको,
धूल में, ढँक जाने,
एक विधि, एक समान।

वृष्टि-कथा

दूर-दूर तक शून्य व्योम में,
अन्धकार विस्तीर्ण हुआ था,
दृश्यमान थी धरा जहाँ तक,
नीरवता का आँचल फैला था।

कुछ द्रुमदल थे खड़े पर्णहीन,
प्रस्तर भी थे कुछ मौन पड़े,
शुष्क तृणों की चादर ओढ़े,
धरा पड़ी ज्यों प्राणहीन।

कब से दुर्दिन जो देख रहे,
वे तरुवर थे वहाँ नग्न खड़े,
अश्रुपुरित नयनों से वे,
निष्पलक व्योम में देख रहे।

जब होता अतिशय उत्पीड़न,
और व्यथित बहुत हो जाता मन,
या तो मन कर देता, आत्म-समर्पण,
या करता है नव मार्ग सृजन।

दुःख सहने की जो सीमा थी,
जब पीड़ा उसके भी पार गयी,
तब हाथ उठाकर गगन-दिशा में,
किया द्रुमदल ने गर्जन भीषण।

वह नाद भेद गया व्योम हृदय,
गगन सिहर उठा, सुन करुण व्यथा,
मानस में हुए कई तड़ित प्रहार,
अन्तस से बह चली अश्रु धार।

नभ रोता रहा था, फूट-फूट,
रोके न अश्रु रुकते थे,
उसकी करुण चीत्कारों से,
पाषाण हृदय भी फट जाते थे।

पायी द्रुमों ने जब, जीवन की सुधा,
पुलकित हृदय ने, गाया मधुर गान,
हुए तृप्त भीग वृष्टि में यों,
मिट रही हो ज्यों कोई चिर-क्षुधा।

वृष्टि में भीग, धरा ऐसी हुई,
सद्य:स्नाता जैसे तरुणी हो कोई,
गीले मादक उसके उच्छ्‌वास,
हृदयों में भर गये नये श्वास।

एकाकी सूरज

सूरज, तुम क्यों जलते हो एकाकी
नीरव, निर्जन नभ में
हे एकपथी, क्या उद्विग्न नहीं होते तुम कभी
दिवस की इस शाश्वत चर्या से,
किंचित् कोई बड़ा अर्थ होगा
तुम्हारे इस आत्म-प्रज्वलन में
पर जग तो आत्म-मुग्ध है इतना कि
तुम्हारे तप से है वह विस्मृत,
किन्तु तुम कब यह गणना करते हो
हानि-लाभ का, या सम्भवत:
जग की निष्ठुरता देख ही डूब जाते हो हर सांध्य,
शोकाकुल हो,
पर शायद आहत होकर भी
कर्तव्यबोध-विवश तुम खिंचे आ जाते हो
प्रतिदिन पूरब-क्षितिज से,
अनल को हृदय में धरे
उसी पथ पर फिर से, डूब जाने को।

गुलमोहर

गुलमोहर कहाँ छुपे थे
तुम्हारे सुर्ख़ लाल फूल
खिल गये एक दिन अचानक,
लालिमा लिये
हृदय-व्योम को रँगते सुर्ख़ रंग में,
मौसम बदला
जो खिले वो टूटने लगे,
जो बना वो बिखरने लगा, और
तुम अनासक्त, तथागत,
निर्विरोध सब परिवर्तन स्वीकार कर
खो गये मेरी दृष्टि से दूर
सारे पुष्प अर्पित कर धरा को,
सुनो, पुष्प बिना कोई पहचाने या नहीं तुम्हें
पर मेरी स्मृतियों में तुम वही रहोगे
रक्तिम आभा-मण्डलवाले विशाल गुलमोहर।

आयी वर्षा रानी

गगन में कहीं दुन्दुभि गरजी
कृष्ण मेघ से सकल व्योम का आनन ढँक गया
दिनकर तत्क्षण किसी ओर गया
सब शिथिल हुआ क्षण भर को, पर
पीपल में थोड़ी सिहरन हुई
दबे पाँव मन्द हवा तभी, जाने कहाँ से आयी और
नीम तरु के कानों में कोई सन्देश सुनाकर
पीले-पीले पत्ते आँचल में भर
धरा-गात्र सजायी,
गुलमोहर ने भी तब कुछ
पुष्प अंजलि भरकर
बिछा दिये जैसे किसी
अदृश्य अतिथि के पथ पर
सब पूर्ण हुई तैयारी जब
खग-विहग ने राग सुनाया जी भर
दामिनी दूर कहीं मुस्कायी
तब कहीं इतराती-सी
आयी धरा पर वर्षा रानी।

विरहिणी साँझ

दूर क्षितिज पर,
मैंने देखा,
साँझ को,
बादलों की ओट में छुपकर,
दिन का इन्तज़ार करते,
प्रेमाकुल, विरह में,
पथ पर नैन बिछाये,
दिन चुपचाप क़रीब आता गया,
आस एक बार फिर जगी,
पर फिर
दिन गुज़र गया अकेला,
बिना ठहरे, बिना देखे,
चिर-प्रतीक्षा में विरहिणी साँझ का,
एक दिन और गया।

अभिव्यक्ति

हृदय से मेरे जो शब्द फूटे,
वो बह चले,
तुम्हारी ओर,
मेरे स्वामित्व के बन्धनों को तोड़,
अपने अर्थ को ख़ुद ही ढोते,
बह चले।
अब तुम चाहो जैसे,
ख़ुद को इनसे जोड़ना हो, जोड़ना
अपने मायने ख़ुद ही गढ़ना,
पर बाँधना मत इनको ख़ुद से,
बहने देना,
इस प्रवाह को हमेशा,
हर हृदय तक पहुँचने देना।

लाजवन्ती (छुईमुई)

धरा के आनन पर
विस्तृत तुम्हारी
कोमल लताएँ, पुष्पित,
मृदुल पल्लव, सुनियोजित अप्रतिम
सुन्दर लयबद्ध संगीत सम,
किन्तु क्यों सिमट जाती हो
स्पर्श मात्र से
क्या अचेतन मन-पटल पर है
क्षण-क्षण रिसता
कोई अन्त:स्रावित घाव या
किसी दु:सह पीड़ा का चिह्न जो तुम
जग से छुपाये हुए हो
या है यह
किसी अज्ञात प्रेमी के लिए
स्पन्दित तुम्हारे हृदय का मौन उद्‌गार
कैसा कैवल्य आत्म में
कैसी है यह चिर-निष्ठा प्रिय के प्रति जो
सिमट जाती हो
स्पर्श मात्र से किसी अन्य के
हे लाजवन्ती, कोमल गात्रा!
अनन्य है जग में
तुम्हारा यह अनपेक्षित प्रेम-समर्पण।

अपूर्णता

पूर्णता की हर तृष्णा में निहित
अंश भर अपूर्णता
सार तत्त्व बन–
अगोचर, अनाकार,
छाया-सी रहती तुम साथ सर्वदा
प्राणों के विश्रान्त क्षणों में
हृदय में भर देती–
एक अज्ञात क्षोभ, व्यग्रता–
समक्ष जिसके
सर्वस्व प्राप्ति भी पड़ जाती श्रीहीन

अपूर्णता, किन्तु,
तुम ही तो करती गतिमान
जीवन का हर अणु-अणु
वेदना भरकर प्राणों में
भरती प्रवाह जीवन-सरि में
निसर्ग में हर दिक् गुंजित
तुम्हारे वेणु का ही विरह-राग
पूर्णता के उस दूर क्षितिज की
तुम ही तो पुण्य-पथ बतलाती

तुम्हारे बोध से ही जन्म होता
पूर्णता के लक्ष्य का
तुम्हारी पूर्णता में ही समाहित
मर्म है पूर्णत्व का।

कौन

कौन भ्रमर को देता गुंजित तान
कौन खग-विहग को देता है उड़ान
कौन जल में देता है प्रवाह
कौन उदधि को देता गाम्भीर्य अथाह
धरणी को देता कौन यह अमर कोख
कौन व्योम को देता चेतना असीम
कौन जगत् में भरता जीवन-रस
कौन मृत्यु बन भरता प्राणों में भय
वो कौन वेणु पर है राग छेड़ता
वो कौन करुणा में प्लावित करता
यह जग क्या है उसका अभिनय
या सकल चेतना ही उसका परिचय।

पूर्णत्व की चाह

तुंग-श्रृंग पर गिरी वर्षा की बूँद
प्रवाहमान हो गिर पड़ी पर्वत से
बनती गयी धारा
वेगमयी
मग में जो मिला समक्ष तोड़ती
विशाल शिलाओं पर गढ़ती
अप्रतिम शिल्प
किन्तु खो जाती अन्तत:
अन्य किसी विशाल धारा में
समाहित जिसमें अनगिनत धाराएँ
सम्पूर्ण साकल्य हो
जन्म देती एक महासरि और
विशाल सरिता भी अन्तत:
धरा के वक्ष पर करती सृजन
अद्वितीय
पहुँच जाती जलधि तट पर
धीर-गम्भीर उदधि के पूर्णत्व में
समाहित हो
स्वयं को पूर्ण करने
निसर्ग की

विशालता में
उसकी पूर्णता में

अणु-अणु अक्षुण्ण होकर भी
अन्ततः प्रवाहमान हैं
पूर्णत्व की चाह लिये।

सही और ग़लत

सही और ग़लत
और सही-ग़लत के बीच कुछ अबूझ
जो न सही है और न ग़लत,
नैतिकता की कसौटी पर
न जाने किस ओर खड़ा है–
वह अरूप, अनाम–

पर मैं देखता हूँ स्वयं को
तय मानकों में पहचान ढूँढ़ता,
निरन्तर दोलन करता
सही और ग़लत के छोरों तक,
किन्तु क्षण भर भी
ठहर नहीं पाता दोनों छोरों के बीच वहाँ–
जो अपरिभाषित है,
पर विडम्बना भी हृदय की ऐसी कि
इस अबूझ बीच में ही स्पन्दित होता है
क्षण-क्षण–
जीवन-रस की चाह में।

बसन्त

चौंधियाती आँखें मोचकर
तृण-पात ने देखा
झाँकते बूढ़े नीम के झरोखे से
सुनहली धूप
फैली थी, हर तरफ़
कभी सुसुम कभी तेज़,
सुवासित हवा
न जाने किन ख़यालों में खोयी
अल्हड़-सी टकराती जाती
पेडों से कभी
और कभी
मखमली हाथों से सहलाती
हर फूल का आनन,
खग-विहग व कीट-वृन्द
सजा रहे संगीत-निलय
पात-पात सब पीले पड़ गये
सूखे पत्ते पग में सज गये
फूट रहा धरा के रोम-रोम से
नवजीवन का सम्बल
लगता है फिर आ पहुँचा
ऋतुपति राज बसन्त।

तुम्हारे प्रति

जो भी मिला तुमसे जीवन में
कुछ कम तो नहीं था,
आच्छन्न रहा सदा
हृदय मेरा
तुम्हारी स्नेह-ज्योत्स्ना से,
क्षुद्र मन, किन्तु,
कब हो पाया तृप्त
कब देख पाया
तुम्हारा अगोचर सान्निध्य,
कब कृतज्ञ हुआ
तुम्हारी अनन्य उदारता के प्रति
अपनी अपूर्णता में ही सदा
तुम्हारा चिन्तन किया,
पर प्रेमनिधि,
तुम तो नहीं अकिंचन
मुझ समान,
अपनी दृष्टि में सदा
रखकर उपेक्षित
मेरे अवगुण तमाम
दुर्बल हृदय में मेरे
जलाये रखना सदा तुम
अपने ममत्व का स्नेह-दीपक।

ख़ाली घर

अक्सर देखता हूँ
उस ख़ाली घर को–
अपनी दहलीज़ पर तन्हा
उदास बैठे,
राह ताकते
अनजान क़दमों की आपाधापी में
पहचानी-सी आहटों की,
और साँझ ढले
फिर मायूस होकर
ख़ुद को रोज़ स्याह ग़िलाफ़ में समेटते,
कभी बुदबुदाते हुए
उन आवाज़ों से बातें करते
जो बन्द कमरों में क़ैद होकर रह गयी थीं
किसी लम्हा,
और कभी धूल सनी दीवारों पर
नन्हे हाथों की छुअन के
धुँधले निशान तलाशते।

अक्सर कहते सुना है लोगों को–
ख़ाली घर काटने को दौड़ता है–
पर कौन समझ पाता है
उसके हृदय का अनुताप
उसकी अन्तहीन प्रतीक्षा

उम्मीदों से उम्मीद लगाये
हर सुबह जागना
और हर शा़म ढले
हक़ीक़त से रूबरू होकर
बिखर जाने की व्यथा।

पर आज सुबह देखा
मुट्ठी भर सूरज उस घर में
रहने आया
एक नन्ही चिड़िया ने
मुँडेर पर बैठ
कोई गीत गाया
और घर की आँखों से
कुछ पिघलकर गिर पड़ा।

धरा और गगन

एक बीज, शुष्क निष्प्राण,
बोया धरा में,
वृक्ष हुआ, पुष्प खिले,
पर आश्चर्य,
कहाँ था छुपा जीवन,
बीज में,
क्या बीज स्वयं में,
जीवित था या मृत,
या धरा ने ही गर्भ नें लेकर,
अदृश्य को आकार दिया,
पर गगन! उसमें कहाँ जीवन?
वह तो निरा शून्य मरुभूमि है।

गगन है आश्रय उनका,
जिनके पंख हैं, जो समर्थ हैं,
जो निष्पंख हैं, रीढ़हीन हैं,
धरणी ही उनकी शय्या है,
और सत्य तो यही है कि,
गगन किसी का आश्रय नहीं।

प्रभु, मुझे विस्तार दो असीमित,
पर, गगन की तरह नहीं,

धरा की तरह,
ताकि किसी सामर्थ्य को स्वरूप दूँ,
किसी का आश्रय बन सकूँ।

अन्तर्मूर्ति

मैं रचता हूँ तुमको,
भरकर रंग अपने शब्दों से,
पर,
हर बार भूल जाता हूँ,
तुम्हारे चेहरे की इन बारीक लकीरों को
जो तुम्हें तुम बनाती हैं,
तुम्हारे शुभ्र आँखों में जो भाव तैरते हैं
उनको मन में समेट नहीं पाता,
बहुत चाहकर और सोचकर भी,
तुमको ढाल नहीं पाता हूँ,
वैसे जैसे तुम मेरे हृदय में बसते हो।

मेरे मन की वेदना, व्यथा,
कितनी बार चाहता हूँ पहुँचाना तुम तक,
अन्तर्मन में अपने समेटना चाहता हूँ
तुम्हारा अप्रतिम सौन्दर्य,
पर कहाँ बाँध पाता हूँ कभी
तुम्हारे अस्तित्व को, तुम्हारी विशालता को,
इन बेजान शब्दों की
सीमाओं में।

मुझमें, मेरी पूर्णता में
इतनी अपूर्णता है कि,

मेरे शब्द, मेरे विचार
उसको ढँक नहीं सकते,
पर आस है मन को
शायद किसी दिन,
अपने हृदय के समर्पण से,
अपने अश्रुओं से
तुम्हारे चरणों तक पहुँच पाऊँ।

प्रतीक्षा

हृदय के अन्तःतम पर मेरे
मद्धम स्पर्श कोई,
तुम थे तो नहीं प्रत्यक्ष कहीं,
मेरे समक्ष
था केवल शेष अन्धकार
तिमिर के उस पार
पर
स्नेहमयी ज्योति-सा ज्वलित
अन्य कौन था?
तुम ही तो थे,
प्राणों की चेतना में मेरे
साँसों की अभीप्सा में
तुम ही रहे हमेशा।
तुम दृश्य रहो या अदृश्य
यह प्रश्न नहीं,
मेरी अनुभूतियों में सदा
बसी है सुरभि
तुम्हारे हृदय से फूट रही जो
निरन्तर
रहूँगा चिर-प्रतीक्षारत तुम्हारा

हर क्षण
इस सुरभित सुवास में डूबा,
मैं नि:शोक
विदेह तपस्वी बनकर।

सीढ़ियाँ

सीढ़ियाँ, न सीढ़ी चढ़तीं
न उतरतीं,
दीवारों से पीठ लगाकर
बस खड़ी रहतीं
तटस्थ भाव से,
मौन साक्षी बनकर
देखतीं
लोगों को चढ़ते-उतरते
चढ़ते-उतरते हसरतों को
सफ़र में ही बदलती मंज़िलों को
बदलते इंसाँ को
और आख़िरी सीढ़ी पर थमती
ठिठकती
ऊँचाई को,
और देखतीं उस ऊँचाई पर खड़े आदमी की
विडम्बना को, ख़ालीपन को
जिसकी सारी चढ़ाई, सारी यात्रा
अपना अस्तित्व
अपना मूल्य ढूँढ़ती है
उन ख़्वाबों में जो सजते हैं
सबसे निचली सीढ़ी पर
किसी के नेत्रों में।

मेंड़

मन की मेड़ पर बैठा
देखता हूँ
अपनी रिक्तता में
पल-पल बढ़ता भराव
बूँद-बूँद रिसता है जो
हृदय से
पर आह! मन अक्षम
अकड़े हाथों से
कैसे तोड़े अपनी सीमा
किन्तु सखा,
तुम तो परिचित हो
मेरे अन्तर्मन के रास्तों से
जिनसे पहुँच सको तो पहुँचना
तुम मेरे मर्म तक
और अपने हृदय के कोमल स्पर्श से
बस छू देना, उस मेंड़ को,
तोड़ना मत,
मात्र सृजन करना
रन्ध्र के समान ही सही, एक छिद्र
ताकि मैं रिसता रहूँ
क्षण-क्षण

बारिश के गँदले पानी की तरह
और बहता जाऊँ
अपनी सीमाओं के पार
नयी सीमाएँ बनाते।

स्वेटर

काश और शायद के दो काँटों पर
बुनता हूँ स्वेटर, हर रात
मुकम्मल ज़िन्दगी का,
मन के किसी कोने में, पर,
गाँठ बाँध रखता हूँ कहीं ऊन के इस गोले में
और तड़के सुबह
उस गाँठ से पकड़
उधेड़कर इस अधबुने स्वेटर को
ऊन के गोले फिर से बना
रख देता हूँ एक कोने में
अगली रात के लिए।

पगडण्डी

और एक दिन
सड़क से उतरकर ज़िन्दगी
नंगे पाँव चल पड़ी
पगडण्डी पर
दूर क्षितिज पर डूबते सूरज को छूने
बढ़ चली, डगमगाती
खेतों के टेढ़े-मेढ़े मोड़ों पर
बरसाती नालों में छपछपाती
कीचड़ सने पाँवों से किसी आँगन में
निशान बनाती
मिलती, बिछड़ती सबसे
अकेले ही गुनगुनाती-सी
ज़िन्दगी एक दिन यूँ ही चल पड़ी
अनायास एक सफ़र पर
मंज़िल और मक़सद से मुँह फेरे
बेफ़िक्र पगडण्डी के जैसे।

दुविधा

कोई आहट नहीं
व्याप्त हुआ गहन मौन
हास्य विषाद था जहाँ
बस रह गया शेष–
धूल सनी दीवारों के नीचे
दफ़न उँगलियों के निशान
और चारदीवारी में क़ैद
दम तोड़ती आवाज़ें–
नहीं पर शायद
कुछ और भी रह गया छूटा
किसी कोने में सिमटा–
वियोग की स्मृतियों से
आहत
घर का आर्द्र हृदय–
पर वियोग-व्यथित घर
कहाँ मान्य है जग में
यही सोच
हृदय से हाथ छुड़ा
घर चल दिया मुस्कुराता
उनके आतिथ्य में
दरवाज़े पर जो दस्तक दे रहे हैं।

ममता

तुम्हारे नेत्रों के उर में
कुछ पिघला-पिघला
आतुर बहने को
रह गया बस जमा हुआ
उस क्षण,

उस क्षण अधरों के द्वार पर तुम्हारे,
कम्पित कोई शब्द,
स्वरहीन,
रह गया बिन बोला,

चेहरे के ललित व्योम पर तुम्हारे
रहे आते-जाते
हर्ष-विषाद के बादल
क्षण-क्षण

उस क्षण ही जो तुमने
थरथराते हाथों से
माथे पर मेरे
अपना स्पर्श धरा,
विवश नेत्रों से तुमने जब
मेरा आनन तका,
सब द्रवित हुआ

अन्तस में जो था मेरे
मलिन, दुर्बल

उस क्षण मैं कहाँ था
मेरी विरह-वेदना कहाँ थी?
बस तुम थीं
और तुम्हारे ममत्व की शीतलता में
मैं कहीं सो गया था,
शिशु-समान
उस क्षण।

सन्देश

बादल आये हैं आज
धरती के कानों में
सन्देश व्योम का कहने–
तुम चिर-समक्ष, धरणी,
पर मैं अकिंचन
कहाँ पा सका क्षग भर भी
सान्निध्य तुम्हारा
किन्तु विषाद नहीं मन में
लेश मात्र भी कोई
कि हृदय जानता है
दूर क्षितिज पर कहीं
तुम प्रतीक्षारत हो मेरी
चिर-संगिनी-सी–

सुन, बोली धरा
कुछ अश्रु भरकर आँखों में–
मत हो निराश, प्रिये,
प्रणय तो मिलनोत्सुक सदा
मिलन है, किन्तु चिर-आभासी
उस दूर क्षितिज-सा
विरह नहीं है प्रणय, प्रिये

यात्रा है ये स्व की,
मिलेंगे एक दिवस अवश्य
अटल भाव यह मन में
निर्निमेष, मैं तुमको तब तक
नेत्रों में भर लूँ क्षण क्षण।

वो काग़ज़

वो काग़ज़–
जिस पे तुमने ख़्वाबों के नज़्म उतारे
अश्कों की स्याही से जिसमें लफ़्ज़ भरे
कोई अनसुनी-सी ग़ज़ल बना तुमने
मन ही मन गुनगुनाया था कभी–
तुम्हारे हाथों से वो काग़ज़
न जाने कब छूट गया
वक़्त की आँधी में न जाने
कहाँ उड़ गया,

कल देखा था मैंने ऐसा ही एक काग़ज़
एक सड़क के किनारे
रौंदे जाते सबके पाँवों के तले,
कुछ याद-सा अ या
कोई भुला हुआ ख़्वाब जैसे
आँखों में फिर लौट आया,

सोचा वो काग़ज़ उठा
एक दफ़ा देख तो लूँ
लिखावट के बहाने ही सही
तेरे हाथों को एक आख़िरी बार छू तो लूँ

पर वो काग़ज़ मुझसे उठ न सका
हाथ बढ़कर मानो जम गये
मेरी चाहत के क़दम जैसे थम गये
कहीं ज़ेहन में डर था शायद
कि मेरे अश्कों की फुहारों से
तेरे ख़्वाबों के वे रंग धुल न जाये।

आत्म-विगलित

सागर से मिलने
और मिलकर खो जाने से पहले
नदी के हृदय में यह कैसा भय
एकत्व की कामना में यह कैसा समर्पण
जो स्वयं से स्व को छीन लेता है
किन्तु हाँ प्रेम!
सर्वस्व अधीन है तुम्हारे
अन्यथा–
अपने अस्तित्व के अहंकार से शून्य हो जाना
क्या इतना सरल है
जन्म से क्षण-क्षण जिस अहंकार को
कण-कण करके सहेजा
उसको तिरोहित कर कोई और ही
परिचय बना लेना
क्या इतना सरल है।

प्रलयंकारी वेग से फूटना
धीरे-धीरे बाह्य से शिथिल हो
अन्तर्मुखी होते जाना
प्रवाह से कमतर हो
आत्म-विगलित होते जाना

जो कुछ संचय था जीवन का
सब प्रेमी के द्वार पर तजकर
परम उदधि में विलीन हो जाना–
किंचित् नदी की यही यात्रा है
किंचित् जीवन सरिता का यही पथ है।

नदी की व्यथा

कितनी सदियों से
न जाने कितनी रातें
कभी पहाड़ों से झाँककर
कभी आसमान से
बादलों का पर्दा हटाकर
चाँद ने देखा–
नदी को नंगे पाँव
उन पत्थरों पर भागते
बेसुध, लहराते,
किसी अनजानी व्याकुलता की पीड़ा को
प्राणों में थामे।

चाँद ने देखा–
नदी कभी क्षण-क्षण थरथराती,
सिहरती थी
हवा की छुअन से,
कभी उससे अठखेलियाँ करती, और
इस नीरव एकान्त में
निर्जन रात्रि में
कभी-कभी हवा के कानों में
गुनगुना देती थी
अपनी व्यथा का एक पद,
कभी लिख देती पत्थरों के हृदय पर

किसी अनजानी भाषा में
कोई आर्त छन्द,
वही सन्देश रात भर हवा
रेत पर लिखती रही
उस अनजान, निष्ठुर प्रेमी के लिए।

यूँ ही चाँद ने देखा,
हर रात देखा नदी को
किसी अदृश्य की प्रतीक्षा में
द्रवित होते पल-पल और
चाँद की रोशनी में
हृदय को आस से प्रदीप्त होते और
फिर अगले ही क्षण बुझते।

मरीचिका

मरीचिका तुम नहीं,
यह प्रणय नहीं
जग के मूल्यों पर नहीं सटीक बैठता कुछ
तो क्या वह मरीचिका है
और यदि मरीचिका है भी तो क्या?
मरीचिका ही तो प्रेरणा है जीवन की
विषाद, अशक्त हृदय का सम्बल
जब सब बिखर जाये
सब छोड़ जाये
तो मरीचिका ही तो हाथ थाम
ले जाती है आगे

चलो ये भी माना–
क्षितिज पर कुछ नहीं
इस यात्रा का कुछ हासिल नहीं,
पर क्या यात्रा का ध्येय केवल उपलब्धि है
क्या बिना उपलब्धि के अस्तित्व बेमानी है
होता हो जग के लिए
पर मेरे लिए यह मरीचिका
वो क्षितिज है–
जहाँ जीवन का रस, प्राणशक्ति है
और जहाँ हृदय से प्रेम-सुमन झड़ते हैं।

खोया शिशु

काश, फिर शिशु बन पाता, माँ
तेरे आँचल से ढँककर ख़ुद को
ओझल हो जाता जग से, माँ!

माँ, वो स्नेहमयी आँचल तेरा
वो नेत्रों का वात्सल्य तेरा
बस दूर से ही अब तक पाता हूँ
स्नेह-समन्दर के तट पर बैठा
फिर भी चिर प्यासा रह जाता हूँ।

कैसे लिपटकर सो जाऊँ
एक रात्रि भर तेरे अंकन में
तेरी ममत्व की छाँव तले
हृदय तपन मिटा दूँ मैं सारा
कैसे कर लूँ वो हठ, माँ
जिसमें मृदुल क्रोध तू दिखला दे
कैसे लौटा लाऊँ, माँ
तेरे खोये शिशु को मैं।

माँ, तू नहीं बदली कभी
बस बदल गया हूँ मैं
जग की इस विशालता में
अब बड़ा हो गया हूँ मैं।

एक स्वप्न

एक रात
एक स्वप्न में जागा
विशाल तरु की छाँव तले
शीतल हृदयस्पर्शी छाँव,
मैंने पूछा—तरु,
ये छाँव कहाँ से फूटती है?
तुम्हारे हृदय कि उदारता से अथवा
किसी आत्म-वेदना की अनुभूति-जनित करुणा से—
तरु मौन रहा कुछ क्षण
फिर बोला—क्या करोगे उत्तर जानकर?
यह छाँव नहीं थोड़ा मेरे हृदय का अन्धकार
मेरा प्रेम है यह अदृश्य के प्रति, किन्तु
यह वेदना-व्यथा तो शाश्वत है
मेरे एकाकीपन की
हृदय के स्पन्दन-स्पन्दन में सनी हुई,
फिर एक सुरभित पुष्प मेरी ओर
गिरा वह स्निग्धता से मुझे देखता रहा, अपलक,
उस क्षण मेरे नेत्रों से आँसू ढलक
उसके चरणों में गिर पड़े
मेरी विवशता व अनुग्रह की गर्माहट लिये,
और मैंने वह पुष्प हृदय में रख लिया
उस चारु-तरु की स्वप्न-स्मृति में—
सहसा मैं जाग

एक ख़ुशबू से सराबोर होकर
कुछ बदला-बदला।
उस अदृश्य पुष्प की ख़ुशबू, अब तक
आती है ज़ेहन में हर पल
वो स्वप्न आता है बार-बार।

भूख

ख़ाली पेट
होंठ सूखकर चिपके हुए
दुर्बल मलिन काया
तपिश सूरज का झेल
हुई नितान्त श्याम
मुख पर निश्चल भाव
और आँखों से झाँकता महाशून्य,
वह महाशून्य जिसके परे
किसी ईश्वर का वास नहीं
किसी कल्पवृक्ष की कल्पना नहीं
केवल रहता है वहाँ
परम नैराश्य, अविचल
और परम नैराश्य में भी तो
परम शान्ति निहित है।

बोनसाई

श्रम-क्लान्त खग-विहग
पाते स्नेह
मेरी विशाल बाँहों के पालने में,
पथिक-श्रमिक थककर
पाते विश्राम
मेरी मधुर-शीतल छाया तले,
पर यह कहाँ सत्य
मात्र स्वप्न है यह मेरा
यथार्थ की कटु भूमि पर मैं
मात्र एक बौना, एक बोनसाई हूँ,
विशालता के बीज आत्मा में धरे
लघुता के कटीले तारों के बीच क़ैद
तुम्हारे ड्रॉइंग रूम में सजा
मैं एक बोनसाई हूँ,
कॉफ़ी का मग हाथ में लिये
तुम्हारा गर्व-भरा चेहरा
तुम्हारी विजयी मुस्कान
मुँह चिढ़ाती है, हर क्षण
जिसकी सम्भावनाओं को,
मैं वही बौना, बोनसाई हूँ।

एक साँझ मैंने देखा

साँझ के धुँधलके में मैंने देखा–
वो बादल गुज़र गये
चाँद से परे
उसकी मुट्ठी से छिटककर
कुछ कह गये उसके कानों में
अनकहा था जो
किसी हृदय का,
दूर एकान्त में खड़े
उस सेमल के पेड़ ने उस क्षण
लाल फूल अर्पित कर
संध्या-वन्दना की
किसी अदृश्य की,
खँडहरनुमा वो बूढ़ी बिल्डिंग
रोशनी की चुभन से परेशान
टूटे ऐनक आँखों पे सँभाले
बालकनी से झाँकती
नाराज़, कुछ बुदबुदायी,
दूर बैठा कोई पेन्टर
हर चीज़ को रँगने लगा
बस स्याह रंग में
जैसे कोई ज़िद हो
कोई नया समाजवाद लाने की–
यूँ मैंने एक रोज़ साँझ को देखा

और देखते-देखते ही
न जाने कब साँझ
ओझल हो गयी मेरी नज़रों से
शायद धुँधलके में वो भी चल पड़ी
रात से मिलने।

अर्पण

एक मौन समर्पण
तुम्हारे नेत्रों से झर गया
उद्‌गार-गीत चारु-हृदय का
मधुर, अधरों पर आकर जम गया
आँचल में जो कुछ था तुमने बाँधा
सब सौंप दिया मुझ पर,
अपना सम्पूर्ण ममत्व,
किन्तु, अकिंचन हृदय मेरा, स्तब्ध
असहज, कैसे सहेजे
तुम्हारी यह अन्यतम भेंट
क्योंकि मैं अपात्र, योग्य कहाँ
इस विशाल स्नेह-धारा का
जो तुमसे फूटती है हर क्षण,
कहाँ वापस दे सकता हूँ कुछ तुमको,
मैं अक्षम,
एक अंश भी तुम्हारी पूर्णता का
कहाँ से लाऊँ, स्नेहनिधि,
पर तुम्हारे आत्म को रखकर सदा
अपने अन्तस में,
शायद तुमको पा लूँ, क्षण भर।

वो लम्हा

मन के सागर में
उठता ज्वार बार-बार
हृदय में धरकर शब्द गहन
कुछ कहने को आतुर हो ज्यों,
रोक लिया किन्तु तुमने,
हठात् उन लहरों को
किनारों पर रखकर कुछ भारी पत्थर,

उस क्षण–
तुम्हारे नेत्रों में कुछ बह चला
अनायास
सूरज ने देखकर यूँ
सुनहली किरणों से तुम्हारा आनन चूमा और
एक अंश तुम्हारे दृग-जल का
हृदय में धर लिया,

वो रास्ते, धूल-भरे
जिन पर हम चले, साथ-साथ
अनगिनत बार,
रखकर हमारे क़दमों के निशान अन्तस में
वे छूट गये पीछे,

वह क्षण गुज़र गया
वक़्त के दरिया से एक क़तरा बनकर
मानो उड़ गया
पर वह खोया नहीं, कभी नहीं, बस
हमारे दिलों में हमेशा के लिए
जीवन्त हो गया
जीता-जागता लम्हा बनकर।

नव-अरुण

एक दिन मैं नहीं रहूँगा
दूर क्षितिज के पार खो जाऊँगा, किसी क्षण,
देखते-देखते सूरज के जैसे,

नहीं, नहीं पर
मैं कहाँ सूरज बन पाया आजन्म
कहाँ किसी का जीवन क्षण भर भी दीप्त कर पाया
बस दग्ध हृदय आतप्त रहा स्व-चिन्तना में
क्यों व्योम में शोभित होगा मेरा यह
मलिन शोणित रूप

प्रिये, किंचित् भी नहीं मैं
तुम्हारे स्मृति-कोष के युक्त,
इसलिए खो जाने देना मुझको
इस जीवन प्रतीची में
सहज भाव से,

कुछ नहीं ज्ञात, पर यदि वापस लौटा
समय की धुरी से छिटककर
तो रूप बदलकर आऊँगा पूरब से
किसी और क्षितिज से उठूँगा
नव-अरुण बनकर।

गाँव की मिट्टी

ओ मिट्टी, ओ गाँव की मिट्टी
आम की गहन छाँव तले
तू कब आयी थी धूप से बचके
किस प्रिय हेतु विकल होके
अन्तःस्रावी तू अश्रु बहाती
बिन स्नात हुए भी
यह शीतल गात्र कहाँ से लाती
किंचित् ममत्व-पूरित हृदय से
कोमल मृदुल तू स्नेह बरसाती,
मेरे स्मृतियों में तू सदैव रही
स्नेहमयी जननी
एक दिन फिर आऊँगा
तेरे अंक में लिपटकर सो जाने
तू उस दिन बस अपना आँचल डाल देना
मेरे ऊपर।

तलाश

धुँधले काँच से यह कौन झाँकता है
यह कौन मुझ-सा बनकर
मुझको देखता है
मैं सोचता हूँ कि यह
मेरा अक्स है शायद
कहाँ पता पर मुझको
मैं दिखता कैसा हूँ,

सबकी नज़रों ने ही मुझको
तराशा है अब तक
वर्ना मैं क्या था
ये मुझको क्या थी ख़बर,

तुम कभी कहते हो मैं यूँ हूँ
फिर कहते हो मैं कुछ यूँ हूँ
हर बार तुम मेरी रूह पर
कुछ चोट करके
मेरी शक्ल बदलते जाते हो
कुछ अपने मतलब की ख़ातिर,

जैसा तुमको देखना है मुझको
मैं हर बार बनता जाता हूँ वैसा
और तुम हर बार

मतलब बदलते जाते हो अपने,
अब तो न जाने कितने अक्स
कितनी शक्लें हैं मेरी
तलाश करता हूँ इनमें कौन मैं हूँ
पर ये सारी शक्लें भी मेरे वजूद की दावेदार बन
छुपा लेती हैं उसको, जो मैं हूँ।

पहचान

हम अकेले ही चले थे
रोशन रास्तों पर
कब चिराग़ों ने न जाने
दामन छोड़ दिया
कर दिया मुझको हवाले
स्याह रातों के
जहाँ शक्ल ख़ुद की भी नहीं है सूझती
और न अक्ल ही बुझ पाती है
इन रास्तों के मंज़िलों को,
पर क़दम, न जाने क्यूँ बढ़े हैं ख़ुद-ब-ख़ुद
ले चले जाते हैं किस ओर मुझको
कोई और भी होगा क्या वहाँ
कुछ मेरे जैसा?
इन स्याह रातों में चराग़ों की आरज़ू
अब और नहीं
बस साथ चल ले दो घड़ी भर वो
अँधेरे में भी जो मुझको पहचान लेता हो।

खोयी हुई कविता

वो जो खोयी हुई कविता थी मेरी
कितनी बार चाहा कि फिर से
उसे रच दूँ
उन्हीं कुछ शब्दों से जो
अब भी ज़ेहन में रह गये थे
मायने वही गढ़ दूँ
शब्दों के किन्ही ताने-बाने को
उसी कलेवर में रँगकर
वही नाम दे दूँ
पर ऐसा कभो हो ना सका
जो भी सृजित हुआ वो
वो नहीं था जो मुझसे खो गया था
हर बार कुछ और ही शक्ल थी उसकी
हर तलाश कुछ और ही ढूँढ़ लायी

कभी-कभी लगता है कि
खोयी हुई चीज़ें
मिलकर भो कहाँ मिलती हैं, मानो
उनके अन्तस का स्पन्दन
किन्हीं लम्हों में क़ैद रह गया
बस ढाँच भर लौट आया, पर
अब तो जो भी लौट आया वापस

जो भी बन पाया उससे
वही कविता बना
जोड़ लिया एक पन्ना और मैंने
ज़िन्दगी की किताब में।

आभार

पथ नहीं का रहा
सदा कुटिल
सरल कहाँ, रेखा सामान
विचलित किया मग से
पग-पग
अवरोध मिले जो प्रवाह-पथ पर,
पर क्या भीत हो बाधाओं से
नदी ने बहना छोड़ दिया
या अपना मार्ग विस्तार कर
जन-जन तक पहुँची
बन जीवन सरिता

विशाल तरु का भी
विस्तार रहा कब
सरल-सहज रेखा समान
अवगुण्ठन अगणित मिले तन पर
पर क्या तरु ने बढ़ना छोड़ दिया
या फोड़कर अवगुण्ठन को
नव-पल्लव को जन्म दिया

बाधाओं के पार ही विस्तार
है रीत यही निसर्ग में

आभार हृदय से सभी का
बाधाएँ जो लायें मग में
जो पुष्प लिये कर में थे या
पथ में मेरे कण्टक डाले।

हरी घास पर

कुछ बात कहनी थी तुमसे,
फ़ुर्सत में,
हरी घास पर लेटकर,
आसमान को देखते-देखते,
शून्य में जैसे खो जाता जब,
हृदय के अन्तरतम से तब जो निकलता,
कुछ वो बात कहनी थी।

किसी गाँव से गुज़रती नदी के,
कलकल जल में पाँव डालकर घण्टों,
ख़ुद ही प्रवाह बन जाता जब,
अन्तस से तब जो फूटता,
कुछ वो बात कहनी थी।

सोचता हूँ,
कुछ नहीं रखूँगा शेष अपने पास,
सब कह दूँगा,
फिर भी क्या, सच में,
कुछ शेष नहीं होगा,
सब देकर भी क्या,
कभी ख़ाली हो पाऊँगा।

अतृप्त हृदय

मन की सीमा के पार,
छूता है उस सागर का किनारा,
हर बार अतृप्त लौटा हूँ जहाँ से,
कुछ और प्यास लेकर,
थोड़ा और ख़ाली होकर।

पर यह प्यास, यह अधूरापन ही
तो हासिल है मेरा,
डोर है जिससे बँधकर खींचा आता हूँ,
उस किनारे तक बार-बार,
मिलने की चाह लेकर।

पर मिलना भी तो बेमानी है
क्षण भर का,
मैं, मैं ना रह पाऊँ
अबकी बार कुछ यूँ मिलना कि,
बूँद-बूँद पिघल मैं दरिया बन जाऊँ,
उस सागर में डूबकर सागर ही बन जाऊँ।

शिकायत

दो-चार क़दम चलकर
तेरी ओर
कुछ थक-सा गया हूँ ज़िन्दगी,
रुकता हूँ, मन थामकर उठता हूँ
फिर एक बार
तेरी ओर चलने के लिए
पर तू शायद, मुझसे दूर,
अपना दामन झटककर चल देती है।

ठीक है ये भी कि
तेरी आदतें और मेरी शिकायतें
शायद कभी ना बदलें,
पर दिल रखने भर को कोई
हौसला तो दे दे
वो निशानी ही अपनी छोड़ जा
कि कभी तेरे क़दमों के पीछे तो आ सकूँ,
कभी तुझ तक पहुँच तो सकूँ।

शिनाख़्त

आज अख़बार में,
देखा एक इश्तहार
करनी थी शिनाख़्त
कोई लावारिस लाश।

सोच में पड़ा था मैं कि
सड़क पर बैठा एक पागल
बुदबुदाया—
ज़िन्दगी गुज़ार दी होगी
इस शख़्स ने
लोगों की शिनाख़्त में
आज ख़ुद की पहचान को भी
ग़ैरों को बुला भेजा है,
और जो शिनाख़्त को आयेंगे
ख़ुद की कोई ख़बर न सही
पर इसकी ख़ूब बतायेंगे।

सुनकर मैं बस ख़ुद से बोल पाया—
पागल था वो जो सब देख पाया,
होश ने कब हमको अपनी ख़बर भी होने दी।

अर्धदृष्टि

नेत्र अधखुले मेरे
कुछ स्वप्न कुछ यथार्थ लिये,
कुछ सत्य कुछ आस लिये,
नेत्र अधखुले मेरे।

आधे नेत्रों की आधी दुनिया
आधी रोशनी आधा अन्धकार,
आधा प्रेम आधी तृष्णा
आधा में ही रँगा संसार।

अधूरे सत्य, अधूरे विचार,
अधूरापन यहाँ हर भाव,
मन की सृष्टि है
मन का हर राग,
नेत्रों से जो दिख रहा
न कुछ सत्य था
न कुछ मिथ्या,
अन्धकार में बस डूबी दुनिया।

पूर्णता की आस लिये,
करूँगा सब यत्न मैं
खोलकर एक दिन नेत्र पूरे
देखूँगा उस दिन सत्य सारे।

एकाकी

एक फूल खिला,
अद्‌भुत ख़ुशबूवाला
सूरज ने हाथों से अपने,
उस पर कई रंग चढ़ाये,
चटक अमिट रंग,
दिन भर,
लगा रहा मजमा,
फूल के इर्दगिर्द
तितलियों, भौंरों और प्रेमीजनों का,

शाम हुई,
अँधेरा जब बढ़ चला फूल की ओर,
सब छोड़ चले साथ,
एक-एक कर,
और रह गया वही चहेता फूल,
खड़ा अकेला,
ख़ुशबू और रंग साथ लिये,
गहन अन्धकार में,
किसी के इन्तज़ार में।

एक दरख़्त की मौत

एक दरख़्त खड़ा था यहाँ,
हरा-भरा घन-ना,
पर ख़ामोश चुपचाप,
लोगों की भीड़ में अनजान-सा
उसे यहाँ कोई नहीं जानता,
और जानने की फ़ुर्सत किसे,
वो भी एक पेड़ को?
पर शायद,
उस नन्ही चिड़िया को उसकी फ़िक्र है,
तभी तो उसकी शाख़ों पे बैठ,
घण्टों बातें करती है

कल शाम,
सुना है कुछ लोगों ने,
सरेआम उसका क़त्ल कर दिया,
न ही ख़ून बहा,
और न आँसू गिरे,
कुछ थी वहाँ, तो बस,
धीमी पड़ती ख़ामोश धड़कनें

आज सुबह देखा,
वहाँ एक ठूँठ खड़ा है,
जिस पे नन्ही चिड़िया,
ख़ामोश बैठी है,
आँखों में आँसू भरे,
और पास ही एक,
गुमनाम लावारिस लाश पड़ी है

बेक़ायदा ज़िन्दगी

मैंने सोचा, तू यूँ होगी
कभी सोचा, तू यूँ होगी, पर
ज़िन्दगी, तू कहाँ
चलती है मेरी ख़्वाहिशों से
रूबरू होकर,
तू तो बस, अल्हड़-सी
अपने क़ायदे ख़ुद ही बनाती
इतराती चलती है
उन्हीं रास्तों पर, जो
तू ख़ुद ही गढ़ती है,
पर ख़ैर छोड़,
कोई तल्ख़ी नहीं दिल में तुझसे
हम भी उन्हीं रास्तों पर
हमक़दम हो लेंगे तेरे
उम्मीदों की मिराज तू
दिखाती है मुझको, जिन पर

धारा

चलो जाने दो
जो भी गुज़रा तुम पर
दुखद,
सहेजो मत
बह जाने दो उसको
धारा बनकर,
फूट पड़ी जो
अगणित प्राणों की वेदना से
जोड़कर उन
असंख्य धाराओं को
बन जाने दो
विशाल भागीरथी करुणा की,
सकल हृदयों के घाटों को
अपने आलिंगन से निर्मल कर
हो जाने दो एकत्व
चैतन्य की परम उदधि से
एक बूँद के समान।

प्रकाश

प्रकाश, कहाँ थे तुम,
तिमिर से पूर्व? किंचित्
किसी की आत्म-आहुति से
तुम जनमे–
तमस के गर्भ से,
सम्भवतः, तुम प्राण पाते रहे निरन्तर
संघर्ष से ही
किसी अन्तस की,
किसी चिन्तना से ही तुम
प्रज्वलित रहे अविराम,
तुम्हारा अस्तित्व किन्तु अर्थहीन है?
–अन्धकार के बिना,
तिमिर के पृष्ठ पर ही तो तुम
उज्जवल होते हो
जगत् की इस विशाल सापेक्षता में,
फिर, मुझे कर लेने दो परिचय आज
गहन सघन तमस से
किसी दिवस तुमको भी पा लूँगा
अपने भीतर ही।

दरिया बहता जायेगा

मैं कौन रहा
मैं किसका था
जो चाहा कभी वह क्यों चाहा
जो पाया, क्या था वह चाहा
निमिष-निमिष इस जीवन में
मैं बदल रहा हूँ कण-कण में
कल कुछ और रहा
अब कुछ और हुआ
जीवन के इस दरिया में
एक बूँद का क्या अस्तित्व रहा
मुझ सी कितनी बूँदें आती हैं
कितनी बूँदें खो जाती हैं
यह दरिया बहता जाता है
यह दरिया बहता जायेगा।

जीवन बह चला

मैं इस तीरे ही खड़ा रहा
जीवन आया
बह चला गया
ना बह पाया मैं
ना उस पार गया
मैं जीवन-सरि के इस तट पर ही
सब बहते देखा
पर खड़ा रहा

मैं सोच रहा था क्या होगा
उस पार जीवन क्या अलग होगा
उस पार खड़े होकर देखूँ
इस पार किनारा उस पार होगा

इस पार खड़े या उस पार खड़े
मन कहता है कि बहना है
जीवन-सरि के किसी किनारे पर
प्रारब्ध ही केवल बहना है

बहना है या रुकना है
यह कौन भला तय करता है
यह समय ही नैया खेता है
जब समय आये तब चढ़ना है।

तुम वैसे ही रहे

आज देखा तुमको,
याद आया मुझे कि
तब भी तुम्हें देखता था
कितने बरस गुज़रे
तुम वैसे ही रहे
बस बाहर-बाहर से
थोड़े-से बदले
अपनी आदतों में किन्तु
अक्षुण्ण रहे सदा,
प्रकृतिस्थ रहे
जब भी तुमको देखता हूँ
ऐसा मैं सोचता हूँ
तुम्हारे विषय में
पर मैं कहाँ पहुँच सकता हूँ
तुम्हारे मन की सीमा तक
तुम्हारे अन्तस के मन्थन-चिन्तन तक
मैं तो ठहर जाता हूँ बस
तुम्हारे बाह्य को देखकर ही
धारणा बना लेता हूँ
तुम्हारे हृदय की

तुम्हारी अभिव्यक्ति की
और तुम्हारे उसी कल्पित रूप में ही मैं
शायद अपने पुराने रूप को ढूँढ़ता हूँ–
तुमको देखता हुआ।

एक बूँद

एक बूँद
मैंने देखी, प्रशान्त,
अटल, स्थिर
किन्तु था यह
बाह्य आवरण मात्र प्रत्यक्ष
मेरे समक्ष,
मन तो रहा सदैव अन्तर्द्वन्द-पूरित
किंकर्तव्यविमूढ़ विवेक
पथ-चयन क्लिष्ट
हृदय अदृश्य प्रेमी को
सर्वस्व देकर
चिर-एकत्व को विकल, और
उस क्षण मेरा सकल मैं
सिमटकर रह गया
एक बूँद मात्र बनकर।

मुझ जैसे बन गये

कुछ लोग आते रहें
कुछ जाते रहें
मुझसे मिलकर दो घड़ी भर,
कुछ उस चौड़े से रास्ते से होकर
गुज़रते रहे बिन देखे मुझे
और आगन्तुकों की इस अथाह भीड़ में
चन्द लोग ऐसे भी मिले
ठहर गये जो संग-संग, अकारण
किसी अदृश्य लंगर से बँधे,
बिन कहे न जाने कैसे
जो सब समझ गये
और उम्मीदों के धागों को तोड़
ख़ुद में थोड़े-से मुझ जैसे बन गये।

अभिनय

मैं जागता हूँ या सोता हूँ
या अपनी अन्तर्वेदना के
सुरा-रस में डूबा हूँ
या साँसों का यह प्रपंच
किसी स्वप्न में मेरा अभिनय है?

तुम्हारी व्यथा

मैं सुनता हूँ तुम्हारी व्यथा? या
अपने हृदय की गहराइयों में
गोते लगा
ढूँढ़ता हूँ अपने अनुभवों के ढेर में
कुछ दर्द तुम जैसा
जो लाकर रख दूँ
तुम्हारे हाथों पर आँसू बनाकर
और अगर ख़ाली हाथ लौटा हूँ कभी, तो भी
अनुभवों में अपने एक ज़र्रा छोड़ आया हूँ
तुम्हारे दर्द के जानिब
और लौटा हूँ कुछ पिघला-सा दिल लेकर
दुआओं से भरा।

पानी और रोशनी

पानी पर देखी, मैंने
नाचती रोशनी
पल-पल रंग बदलती
डूबती, उतराती
हवा के झकोरों से सिहरकर
उसके चेहरे की रेखाएँ
कुछ अजीब तरीक़े से घुल-मिल
एक नया चेहरा गढ़ देतीं
कुछ अपना भी और कुछ पानी का भी
मैंने पूछा–
पानी क्या तू बहता है
रोशनी के ऊपर
या रोशनी तू ही अल्हड़-सी नाचती है
पानी के ऊपर,
जवाब तो नहीं मिला कोई
पर इतना ज़रूर देखा कि
न रोशनी गीली हुई
न डूबी पानी में
और न ही पानी पर रोशनी का रंग चढ़ा
पर फिर भी

दोनों ने मिलकर अद्भुत सौन्दर्य रचा
एक सुन्दर संगीत-सा फूट रहा हो
मानो सबको कहते हों कि
रिश्ते यूँ ही रखना
जहाँ न डूबना हो न ही रंग चढ़ना।

वो लम्हा

वो लम्हा जिसमें तुम थे,
मैं था और कुछ बेफ़िक्री थी,
वो बिखर गया
यादों के टुकड़े बनकर
और तुम्हारे अन्तस में कहीं जा धँसा
पता नहीं क्यूँ
पर तुम्हारी आँख डबडबा गयी
कुछ फूटने को हुआ भीतर कि
कुछ बोलते-बोलते तुमने
बाहर जाते शब्दों को
समेट लिया वापस
उस टुकड़े के इर्दगिर्द,
उस ज़ख्म को तुमने बस यूँ ही
छोड़ दिया रिसता, अपने अन्तस में,
उस लम्हे की ख़ातिर।

गाँठें

न खुलती, न टूटती
ये गाँठें कैसी हैं, अनगिनत,
शायद चुपके से आकर हर बार
मन ने बाँधी हैं ये गाँठें उम्मीदों की
हृदय के भीतर कहीं
और छोड़ दिया है हृदय को
पीड़ा में रिसता पल-पल
ख़ामोशी से।

अन्तर्वेदना

कैसी अन्तर्वेदना
जिसमें जलते हो तुम
मुस्कुराते हुए कुछ और दिखते हो
जैसे आसमान
जो दिन भर चमक रहा हो
सबको ढँकता हो छाते की तरह
पर शाम होते ही
सिमट जाता है अपने कम्बल में
और अपनी अन्तराग्नि से
पल-पल पहले लाल होता जाता हो
फिर घना स्याह।
मेरी बात सुनोगे,
एक टुकड़ा अपने चूल्हे की
आग का
मुझे भी दे देना कभी,
शायद इससे कुछ तपिश तो कम होगी
तुम्हारी।

बैठा हूँ मैं कब से

बैठा हूँ मैं कब से,
तुम्हारे हृदय-सरिता के तट पर,
प्रतीक्षारत, उस क्षण का
तोड़ तटों की मर्यादा जब
जलमग्न कर दो मुझको
सम्पूर्ण,
एकाकार हो जाये हृदय
किसी त्रिवेणी पर
और क्षितिज पर दूर कहीं
मिल जाये धरा-गगन के पार।

अन्त:सलिला

तुम्हारी नीर भरी आँखें
क्षण भर काँपीं, किन्तु
तुमने समेट लिया
अन्तरतम में हृदय के,
जो कुछ था पिघला-सा
फूटकर बहने को आतुर,
ढँक लिया बड़े सलीक़े से
अपनी मुस्कुराहटों की राख तले
ग़म के अंगार, और
अकेले ही तुम बढ़ चली
हृदय के घावों को सहेजकर
किसी का दर्द लेने
पर, अन्त:सलिला,
मैं जानता हूँ कि तुम्हें
किसी समन्दर की तलाश नहीं
किसी विशालता का लक्ष्य नहीं
पापनाशिनी होने का मान नहीं
तुम तो बस बहती हो
अपने भीतर
सूखे निर्जन पथ पर
किसी जीवन-मरुभूमि को सिंचित कर
खो जाने, नि:शेष।

एक शाम

बूँद-बूँद कर शाम टपक रही
दरख़्तों के ऊपर
लम्हा-दर-लम्हा
होती जाती घनो स्याह
और किसी दरख़्त के नीचे बैठे
मैं और तुम
भीग रहे थोड़े-थोड़े
स्याह रंग में
अन्धकार में डूबे हम ख़ामोशी से
सिमटते जाते ख़ुद में और
हमारे पहचान के दायरे
एकाकार हो जाते
एक रंग में रँगे।

सुराख़

एक छोटा-सा सुराख़
तलाश करता हूँ
इस अँधेरे बन्द कमरे में
पर हर बार सर टकराकर लौटा हूँ
दीवारों से
नाख़ूनों में कुछ खुरचन भरकर,

ये दीवारें बढ़कर समेटती जाती हैं
मेरे वजूद के दायरे
दम टूटता जाता है मेरे हौसलों का
लम्हा-लम्हा,
मेरे चेहरे के उभार, बनावट
इस घने अँधेरे में धीरे-धीरे गलकर
घुलते जाते हैं और
मैं बे-नक़्श, बे-शक्ल बनता जाता हूँ
लम्हा-लम्हा।

बरसात की एक शाम

आसमान बदलता रहा रंग
पल-पल सूरज के साथ
हवा लेकर आती रही मिट्टी
दूर किसी अहाते की
आँगन की ख़ुशबू लिये
स्याह आसमाँ से बरसती रहीं
फुहारें, हल्की-हल्की
काँच की खिड़की के पार से
सहमा-सहमा अन्दर झाँकता रहा
कुछ यथार्थ, कुछ आभास
और तुम, एक सोफ़े पर बैठ
ख़ुद को समेटे
उस अदृश्य चित्रकार की इस पेंटिंग का
एक टुकड़ा हाथ में लेकर
खो गये
किसी की मद्धम-सी
गुनगुनाती आवाज़ के कम्बल में लिपटकर।

पिंजरे के मुर्ग़े

पिंजरे में क़ैद मुर्ग़ों की तरह
हम सदा रहे भोजन में लीन
गर्दन झुकाये,
सहेजने में डूबे हर क्षण और
काल के अदृश्य हाथ खींचकर ले जाते रहे
एकएक कर हमें, सबके सामने,
थोड़ा-सा कोलाहल मचता
थोड़ा-सा भय व्याप्त होता,
क्षण भर में
फिर सब शान्त और फिर
वही भोजन की मारामारी
वही चिन्ता जीवन के प्रति और वही
मृत्यु के प्रति ज्ञात अनभिज्ञता का प्रदर्शन।

सूखे फूल

एक सूखे फूल की तरह
तुम मिलते हो मुझे
ज़िन्दगी की किताब में और
हर बार ले जाते हो मुझे बरबस
वक़्त की पुरानी तंग गलियों में जहाँ
मैं देखता हूँ तुमको गुज़रते हुए
कुछ दूर से, अकेले,
मानो देखता हूँ
इस फूल की ख़ुशबू को खो जाते हुए
तुम्हारे क़दम-दर-क़दम, और
मैं रह जाता हूँ ताकता, पथ को,
बस हाथ में थामे सूखे फूल को।

लम्हों में ख़ुशबू के क़ैद होने से ही शायद
यादें बनती होंगी
बस थोड़ी ख़ुशबू अगले पन्नों पर और थोड़ी
पिछले पन्नों पर जम जाती है
इस किताब की,
मुझे ले जाने
स्मृति-विस्मृति के विशाल बग़ीचे में
गर्मी की किसी भरी दोपहरी में।

संगीत

हृदय वेणु से फूट रही
यह कैसी करुण पुकार
करुण-क्रन्दन चीत्कार-भरे
अगणित हृदयों का ताप धरे
हृदयों को कर द्रवित
निमिष-निमिष
घुल रहा है हवा में आज,
यह कैसी
पीड़ा का संगीत।

संगीत तो है दु:ख-तनय सदा
सुख में कब संगीत सजा
सकल प्राणों का एकात्म स्वर
फूटा जब, तब संगीत बना
आज फिर जो यह फूट रहा
हृदय-सर से उर्मि बनकर
अदृश्य तरंगों से कर देगा
फिर प्राण-प्राण में स्पन्दन।

छाया, ओ छाया

छाया, ओ छाया, चिरसंगिनी मेरी
कहाँ सुलभ है तुमको
क्षणिक, प्रणय-दृष्टि मेरी
आलिंगन मेरा तो जैसे हो
कोई दुर्लभ स्वप्न तुम्हारा
क्यों मेरे चरणों में फिर भी
हृदय तुम्हारा नमन,
कभी आहत नहीं होता
हृदय तुम्हारा मेरी निष्ठुरता से
नैराश्य नहीं घर करता मन में
ऐसी असीम उपेक्षा से
बोलो, कहाँ से लाती हो इतना प्रेम
इतना धैर्य
या बद्ध हो मुझसे तुम, आजन्म,
किसी प्रारब्ध कर्म की भाँति।

छाया, ओ छाया,
खो जाती हो कहाँ
तिमिर के परदे के पीछे
या प्रत्यक्ष रहकर ही मेरे
तुम रहती हो मौन सदा और

शायद मैं ही अपने अहं में
तुमको देख नहीं पाता
पर तुम, कब शिकायत करती
कब उलाहना कोई ताना देती
हृदय में मेरी छवि रखकर
बस,
मौन अनपेक्षित प्रेम करती रहती।

अमलतास

अमलतास, किसके लिए खिलते हो
किसके लिए बिखरा देते हो
अपने वजूद का ज़र्रा-ज़र्रा
सजा देते हो किस अदृश्य के दरबार को
अपने झूमरनुमा फूलों से
किन देवांगनाओं के हाथों तोड़े जाते हो,
पर क्या पाते हो वापस
रस और गन्ध भी तो नहीं मिलता तुम्हें भरपूर
तुम्हारी इस साधना के परिणामस्वरूप,
तब,
हर बार श्रम कर खिलना, फिर बिखरना
त्रासद नहीं लगता यह सब तुम्हें
पीड़ा नहीं देता
किन्तु हाँ, तुम भी तो बँधे हो क़ायदों से
हम सबकी तरह ही
विकल्पहीनता से,

हृदय तो अपनी श्रेष्ठतम उपलब्धि से
कब मोहग्रस्त नहीं होता, पर
प्रकृति कहाँ अपनी प्रकृति में
पक्षपाती है?

उसकी दृष्टि में विशेष प्रेम-पात्र कौन है
वह तो तटस्थ अनासक्त, समदर्शिनी है सदा,
तुम भी बस यूँ ही कर्मरत रहो, अमलतास
निसर्ग के कण-कण के समान,
निर्द्वन्द्व।

मौन राग

हृदय की गहन गुफा में
था मौन प्रबल, पर
आज यह कैसा प्रणय संगीत
कौन छेड़ रहा है तार
अदृश्य वीणा के
जो है मेरे आत्म के कण-कण से रचित
जो है दुःसाध्य,
लगता है वह कलावन्त आज आ बैठा है
हृदय के समीप
विधि के लिखित को सिद्ध करने
असाध्य को साधने,
सम्भवतः मेरे अधूरे संगीत का मौन राग
अब मुखरित हो जाये।

विरहिणी धरा

मृषा था क्षितिज पर मिलन
ज्ञात हृदय कब तक रखता संयम
था प्रतीक्षारत कब से विकल
विरहिणी धरा हो तब व्याकुल-मना
चल पड़ी आज
सब नियम जग के छोड़-छाड़
पवन के रथ पर चढ़कर
मिलन करने चिर-प्रेमी से
कण-कण बन जा लगी
व्योम के तन से
हृदय-द्रवित हो गया व्योम
आलिंगन पाकर धरा का
मेघों पर सवार तब
धरा लौट आयी धरा पर।

मेरी कविता क्या है?

मेरी कविता क्या है?
विचारों के धागे में पिरोये हुए
शब्दों की एक माला,
बेमायने शब्द यूँ तो
न जाने कब क्यों बन जाते हैं अर्थ तुम्हारे लिए,

शायद कविता के कुछ मायने होते ही नहीं
पानी की तरह रंगहीन, आकारहीन
मायने तो तुम जोड़ लेते हो जाने-अनजाने
अपने हृदय के शब्दकोष में झाँककर
कभी सरल, कभी जटिल,

अपने विचार स्वयं गढ़ लेते हो
इस माला की एक छोटी-सी कड़ी लेकर,
अपने आत्म की आकृति में उतार लेते हो
शब्दों की एक बेजान शृंखला को,

जब सब कुछ तुम्हारा तो
फिर इसमें मेरा क्या है?
मेरा तो कुछ भी नहीं,
कविता तो केवल तुम्हारा सृजन है।

एक गाँव

कल एक गाँव में गया
कुछ जाना-पहचाना-सा था
बचपन के किसी संगी-साथी की तरह,
बड़ी देर तक मुझे एकटक देखकर
पहचानने की कोशिश करता रहा
पर शायद अन्त में इतना ही कह पाया ख़ुद से–
कहीं देखा-देखा-सा लगता है ये,

उधर शहतूत के पेड़ पर बैठी
छोटी चिड़िया ने मुझे देख लिया आते हुए
और सबको ख़बर कर दी मेरे आने की
कुछ सोचता मैं जब तक कि–
झींगुरों ने कोई स्वागत-गान छेड़ दिया
हवा ने आकर कानों में मधुर स्वर में कुछ कहा,
धरती ने मेरे पाँव जकड़ लिये अपने आँचल से
बड़ी मिन्नतों के बाद जाकर कहीं छोड़ा
फिर भी उस स्पर्श-स्मृति में
अपना प्रेम-चिन्ह धर दिया मेरे पैरों पर,
दूर, पानी कलकल बहता देता रहा निमन्त्रण
बार-बार अपने आतिथ्य का उलाहना देकर,
दो कुत्ते कहीं से कौतूहलवश आ गये, शायद

देखने कि कौन है यह नया आगन्तुक
हमारे गाँव में,
दिन गुज़रता रहा पल-पल यूँ ही
प्रकृति के ममत्व की छाँव में
आख़िर सूरज भी जब लौटने लगा शिथिल होकर
जब दिन सिमटने लगा साँझ की आग़ोश में
मैंने बड़े भारी मन से सबसे विदा लिया
और चल पड़ा शहर की ओर
गाँव से फिर लौटने का वादा कर।

मुझे ले चलना वहाँ

कहीं अपने मन की गहराइयों में
जहाँ सिर्फ़ तुम पहुँच सकते हो
वहाँ ले चलना मुझे एक दिन
हाथ पकड़कर,
मुझे देखनी है वो जगह जहाँ तुम
सबसे दूर होकर चले जाते हो
सबकी नज़रों से ओझल हो जाते हो
जहाँ तुम न जाने कितने लम्हे
गुज़ार आते हो तन्हा, ख़ामोश,

सुनो अबकी बार जब जाओगे वहाँ
मैं आऊँगा ढूँढ़ने तुमको
और वापस ले आऊँगा मनाकर तुमको
किसी भी जुगत से,
और तुम मान जाना
कुछ मान-मनौवल के बाद ही सही
कुछ मेरे आँसुओं की प्रेमांजलि लेकर भी,
बस मान जाना।
बोलो ले जाओगे न ज़रूर एक दिन।

समन्दर के किनारे

जहाँ मैंने ख़ुद को छोड़ रखा है
दुनिया से छुपाकर
एक हिस्सा मेरा, जहाँ इन्तज़ार करता है
तुम्हारा, तुमसे अपरिचित होकर भी
उस समन्दर के किनारे
तुम आना कभी,
या मैं लेकर चलूँगा तुम्हें
तुम्हारा हाथ पकड़कर
मिलाऊँगा तुम्हें, अपने पुराने मैं से
और तुम बस ठहर जाना उस रात
मेरी ज़िद मानकर, फिर
समन्दर के किनारे लेटकर मेरे साथ
मेरी बाँहों का सिरहाना बना
तारों से बातें करना जी भर
और समन्दर की लहरों की बौछारों में
भीगते रहना लम्हा-लम्हा,

यूँ ही ये रात गुज़र जायेगी पर
नज़दीकियों की रेत में हमें ढँक जायेगी,
लेकिन तुम दिन ढलने के पहले लौट जाना
मुझे वहीं छोड़कर,
बस एक सीपी लेते जाना
उस रात की याद में।

बादलों के पार

बादलों के पार एक रोज़
साथ चलना मेरे
जहाँ सच और झूठ की लड़ाई नहीं
जहाँ ग़लत-सही का भ्रम नहीं
बस वहीं उस अमलतास के पेड़ तले
दोनों बैठ भीग जायेंगे
उसकी पंखुड़ियों की बारिश में
और शाम होने पर
अँधेरे में घुलकर एक हो जायेंगे

रे, मन जुलाहे!

रे, मन जुलाहे!
कैसा रे, ये तेरा ताना-बाना?
ख़्वाहिशों के रंगीन धागों से
तू बुनता है जिस पे
ये रेशमी चादर, हर लम्हा,
ख़्वाबों के चाँद-तारे
सजा देता है इसके किनारे पर
ज़री बनाकर,
अहा!! कितनी ख़ूबसूरत दिखने लगी ये चादर,
पर न जाने क्यों
जब भी मैंने ओढ़ना चाहा है इसको
अश्क बह आयें हैं और
इसका एक कोना गीला कर गये,
फिर भी आदतन शायद,
तूने कभी तोड़ा नहीं ये
ताना-बाना
कभी छोड़ा नहीं ख़्वाब बुनना,
पर ताउम्र बुनकर भी
ये चादर अधूरी ही रही।

कौन सा मैं, मैं हूँ

तुम कहाँ जानते हो मुझको
और जान भी कैसे सकते हो उसको
जिसे मैंने अब तक ख़ुद से छुपाया है–
ग़ज़ब का शातिर बहुरूपिया हूँ मैं
अक्सर दुविधा में पड़ जाता हूँ ख़ुद ही कि
कौन सा मैं, मैं हूँ
क्या आकृति है मेरी? बस
तुम्हारी विविधता के सूरज की तरफ़ मुँह कर
मैं रूप बदल लेता हूँ–
एक सूरजमुखी की तरह, ख़ैर!
जब पा लूँगा अपने आप को किसी दिन
तुम्हारे बीच ही तो लौटकर आऊँगा,
आना ही होगा
और कौन है भी मेरा, तुम्हारे सिवा,
जिसके समक्ष अपनी उपलब्धि पर
इतराकर, दबे होंठों से मुस्कुरा दूँगा,
और तब तुम्हारी स्वीकृति के पुष्पों से ही
अपनी विजय पताका फहराउँगा।

सुख की छाया

कभी-कभी थक जाता हूँ
सुख की छाया के पीछे भागते-भागते
दिन-रात,
आगे निकल जाती है इस भाग-दौड़ में
यह थकान
सुख की कामना से भी,
एक जुगनू की तरह चमककर
खो जाता है सुख
आस देकर इस तिमिर में
ज्योति की,
और बन्द मुट्ठी में रह जाती है मेरी–
केवल गहन छाया,
अँधेरी छाया।

खरोंचें

दीवारों के चेहरे पर कुछ खरोंचें
कुछ गहरे ज़ख़्म
मौन-से थे सब, कब से
प्राणों में अपने दर्द को छुपाये
और हर दर्द के पीछे छुपाये हुए–
एक कहानी,

ये मौन टूटेगा कभी?
क्या ये कहानियाँ भूल पायेगा उसका हृदय?
शायद कभी नहीं–
किसी दिन आकर कोई बस
मरम्मत कर जायेगा चेहरे की
ढँक देगा खुले ज़ख़्मों को रंग-रोगन से
पर क्या टीस मार पायेगा कभी?

हिमशैल

समय का असीम,
अखण्ड हिमशैल,
पिघलता क्षण, बूँद-बूँद बन
जा मिलता,
काल की अनादि भागीरथी से,
सदानीरा,
प्रखर-प्रवाह में सर्वस्व, मात्र
बहने को विवश
अदृश्य, अनागत की ओर।

काग़ज़ के टुकड़े

कमरे में बिखरे हुए
काग़ज़ के टुकड़े
और बिखरे उनमें,
शब्दों के अगणित अस्थि-पंजर,
काग़ज़ जो थे कल तक, संकलन–
किसी हृदय के गूढ़तम भाव के
किसी के प्रखर ज्ञान के प्रत्यक्ष प्रमाण के
किसी की अन्तर्व्यथा के दारुण चित्रण के
अपनी रिक्ति में भी अर्थ की अनन्य सम्भावनाओं के–
आज अपने अस्तित्व के मायने तलाशते
पंखे के मद्धम संगीत पर नाचते,
टकराते एक-दूसरे से
मानो जद्दोजहद हो कोई
अर्थ तक पहुँचने की
पर, अर्थ जो बिखर गये एक बार
कहाँ मिला करते हैं
अक्सर, बेमेल ही जुड़ते देखा है
ज़िन्दगी के काग़ज़ के बिखरे टुकड़ों को,
अर्थहीन।

जाड़े की साँझ

कई रोज़ बाद आज देखा
साँझ को
धुँए की चादर डाले बैठी
सूरज की
बुझती अँगीठी के सामने
और लम्हा-लम्हा
स्याह रंग नें रँगती जाती
रात के इन्तज़ार में।

फिर आ गये गुलमोहर के फूल

फिर आ गये गुलमोहर के फूल,
जाग पड़ा जोगी कोई
ध्यान से
मानो वर्ष भर तप कर
साथ लिये सिद्धियों के पुष्प
जग में बाँटने
कुछ रस कुछ सौन्दर्य,
लेकिन फिर कुछ और रह गया देना
कुछ बदल-सा गया
पिछली बार से अबकी बार की यात्रा में
वो फूल खो गये
वो ख़ुशबू हवा में खो गयी
गुलमोहर क्योंकर तुम
यूँ हो जाते हो हर साल
बाहर से एक से पर
भीतर-भीतर कुछ बदले से,
कौन देख पाता है तुमको
भीतर से तुम्हारी दृष्टि बन
तुम एकाकी हो हम सबकी तरह
इस जीवन के पथ पर
नितान्त अकेले।

कहीं आज चलें

प्रिये, चलो, कहीं आज चलें
जग के कोलाहल से दूर
अपरिचित एकान्त में
निसर्ग के अंकन की छाँव तले
खिलखिलाते झरने की
मृदु वीणा का संगीत जहाँ,
पल्लव-पल्लव से छिटक रहा
किरण रश्मि का सुमधुर हास्य जहाँ,
जहाँ पुष्पों पर मधुकर गुंजायमान
तरुवर हो जहाँ युग-साधक समान,
वहीं प्रिये, बस उसी दृश्य में
आलिंगन कर भर लूँ तुमको
नेत्र कोर से तक लूँ तुमको
और तुम ले चलो मुझे उस क्षण
स्पन्दित हृदय के हिंडोले में लेकर
दूर व्योम की ओर जहाँ
चिर-प्रणय का दीपक जलता है।

पथ की समाप्ति

पथ की समाप्ति क्या है?
वहीं जहाँ दृष्टि का सीमान्त है? या
है यह सीमान्त एक प्रारम्भ बिन्दु
अगणित सूक्ष्म यात्राओं की एक अनन्त शृंखला का
जो अविरत प्रवाहमान है, जिसमें
एक से एक बँधी हुई कड़ियाँ हैं, और
हर एक शुरू होकर शून्य से
निर्माण करती है किसी अपरिचित नवीन का
अगणित दृश्यों का और सम्बध्द अनुभूतियों का
और फिर विसर्जित करती जाती
प्राचीन की सरिता में
अपना सर्वस्व अर्जित।

जीवन के यात्रा-पथ पर
सब सृजन को सौंप देना
प्राचीन के वृद्ध हाथों में
अनुभूतियाँ समेटकर केवल
बढ़ जाना
यात्रा की अगली कड़ी में।

खद्योत

जग-उदधि के पार क्या
सम्पूर्ण तिमिर, सघन तिमिर
शून्य व्योम में, किन्तु
जगमगाते खद्योत, असंख्य
भान देते प्रकाश का
बन्द कर मुट्ठी में जिनको
मन बना लेता आलम्बन
गहन निशा में
समझकर अनन्य रवि
किन्तु हाँ! क्षणिक प्रकाश
और पुनः वही
परम नैराश्य तिमिर।

उच्छ्वास

अहा! धरा का वही
सोंधा-सा उच्छ्वास
कितने दिवस बाद
मानो जो मलिन था
हृदय-अन्तस में,
प्रणय-कोप की रेणु में जो ढँका था,
सब धुल गया
व्योम के पावन दृग-जल से,
अभिमान सकल झर गया
द्रुमदल के हर पल्लव से,
नि:शेष रहा केवल वहाँ
एक शिशु-सा पवित्र,
निश्छल हृदय।

❐❐